Auteurs :
Dominique Foufelle
Catherine Rambert
Sonia Staebler
Michèle Soldevila

Illustrateurs :
Didier Cabaret
Fabienne Gallois
Thierry Nouveau
Valérie Pettinari
Jean-Christophe Raufflet
Patrick Royer
Christian Staebler
Sophie Surber
Natacha Toutain

Directrice de l'édition : Fabienne Kriegel
Éditrice assistante : Sophie Landais


Loi n°49 956 du 16 juillet 1949 sur les publications destinées à la jeunesse
ISBN collection : 2-84634-134-6
ISBN ouvrage : 2-84634-157-5
Dépôt légal août 2006

www.hachette-collections.com

# v

# comme Valentin

Maman, est-ce qu'il y a d'autres enfants avec des noms en V ? demande Valentin.

Oui, dit maman, il y a **V**incent,
**V**irginie,... et puis il y a **v**acances,
**v**oitures...

C'est quand les **v**acances? demande **V**alentin.

Bientôt, dit maman.

Valentin s'endort. Dans son rêve, il entend un bruit.

Tout à coup, il **v**oit un **v**élo.
Un **v**oltigeur est debout sur la selle.

Hé, demande **V**alentin, où **v**as-tu ?

Je **v**ais **v**oir mes amis, **v**iens **V**alentin.

Voici **V**anille, mon amie la **v**ache,
dit le **v**oltigeur.
Et **v**oilà **V**ictor, son petit **v**eau.

Si tu **v**eux tu peux faire un tour de **v**élo,
dit le **v**oltigeur.
C'est **v**rai? s'exclame **V**alentin.

Valentin monte sur le **v**élo
avec Victor le petit **v**eau.

Le **v**élo **v**a à toute **v**itesse.

Attention aux **v**irages, crie Victor.

Oh, mais **vo**ilà la mer, dit le **vo**ltigeur.

Valentin et Victor se jettent dans les **v**agues.

Mais qu'est-ce qui flotte sur l'eau ?
un ballon **v**iolet.

Venez, on va jouer au volley, dit Valentin.

**V**alentin joue au **v**olley comme
un **v**éritable champion.

Je l'ai ! dit Valentin en attrapant le ballon.

Bravo, quelle **v**ictoire, dit **V**anille.
Le **v**oltigeur et **V**ictor le petit **v**eau
applaudissent avec **v**igueur.

Tu as gagné une **v**alise pleine de jouets pour partir en **v**oyage, dit la **v**ache.

**V**alentin s'en **va** sur son **v**élo.
A bientôt les amis.

La maman de **V**alentin ouvre les **v**olets.
**V**alentin se réveille et découvre une **v**alise.

Regarde, maman, j'ai ramené une **v**alise
de mon rêve, dit **V**alentin.
Alors on **v**a partir en **v**acances aujourd'hui,
mon chéri.

# Les autres

Vautour

Vase

Vert

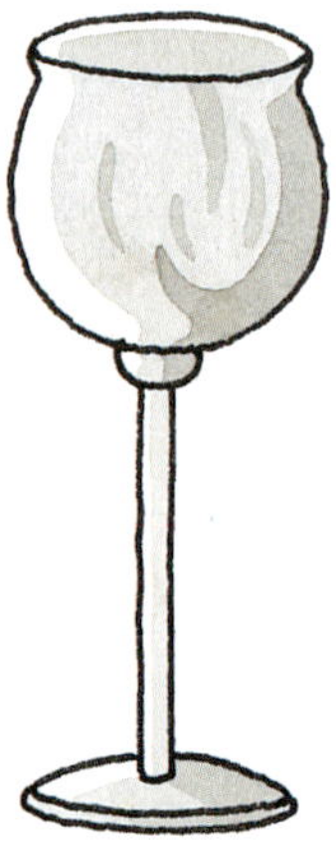

Verre

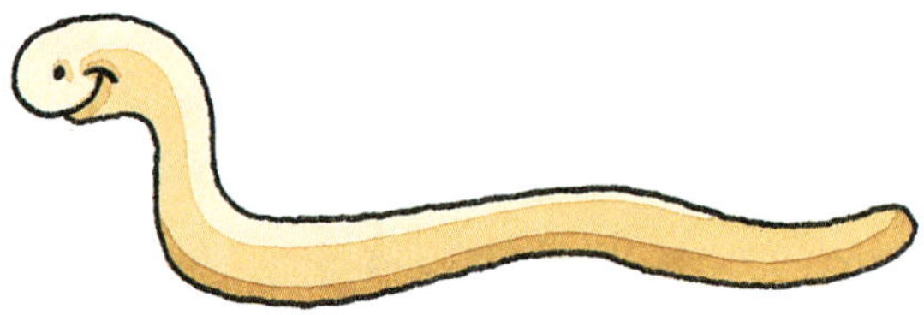

Ver

mots de Valentin

Village

Violette

Violon

Vipère

Visage

abcdefghijkl